Toskanische Küche

Impressum

Titel der Originalausgabe: Tuscany
Übersetzung aus dem Holländischen: Dr. Christina Vogel-Bauer
Lektorat: Verlagsservice Susanne Kattenbeck, Tegernheim
Satz: Verlagsservice Susanne Kattenbeck, Tegernheim

ISBN 3-89555-119-8

1 2 3 4 5 7 6 5 4 3

Die Rezepte in diesem Buch wurden mit aller Sorgfalt zusammengestellt. Eine Garantie kann jedoch nicht übernommen werden. Der Verlag schließt eine Haftung für etwaige Personen-, Sach- und Vermögensschäden aus.

Kreativ kochen

Toskanische Küche

DÖRFLER
KOCHKUNST

Vorwort

Der größte Trumpf der toskanischen Küche ist ihre Einfachheit. Knackig frische Zutaten von höchster Qualität kombiniert mit der Leidenschaft der Italiener sind der Grund dafür, dass man sich nach Speisen der toskanischen Küche die Finger leckt. Die meisten Gerichte lassen sich ohne großen Aufwand nachkochen. Im Handumdrehen bereitet man ein Pesto oder Tagliatelle mit Meeresfrüchten zu.

Die toskanische Küche ist berühmt für ihre Vorliebe für Wild. Sie lädt unter anderem zu Kaninchenkeulen mit Oliven oder zu Hase in Tomatensoße ein. Auch Süßspeisenfans kommen auf ihre Kosten: zum Beispiel mit Florentinern oder Feigen in Apfelsinensoße.

Abkürzungen

EL = Esslöffel
TL = Teelöffel
g = Gramm
kg = Kilogramm
ml = Milliliter
l = Liter
Pck. = Päckchen
Gew.-Kl. = Gewichtsklasse
°C = Grad Celsius

Für 2 Personen

Zubereitung

Die Knoblauchzehe abziehen, halbieren und eine Pfanne damit ausreiben. Die Zwiebel schälen und fein hacken. Das Öl in der Pfanne erhitzen und die Zwiebeln darin glasig dünsten. Das Hackfleisch zufügen und krümelig braten. Das Tomatenmark zugeben und alles schmoren. Mit Salz, Pfeffer, Rosmarin, Oregano und Thymian würzen und die Brühe angießen. Die Hackfleischsoße 30 Minuten köcheln lassen.

Crème fraîche, Milch und Parmesan in einer Schüssel mischen.

Den Boden einer gefetteten Auflaufform mit Lasagneblättern auslegen. Hackfleischsoße und Lasagneblätter schichtweise einfüllen. Mit einer dicken Schicht Soße enden. Die Butterflöckchen und die Käsemischung gleichmäßig über die Lasagne verteilen.

Die Auflaufform auf dem Rost in den vorgeheizten Ofen (Ober-/Unterhitze: 200–220 °C, Heißluft: 180–200 °C, Gasherd: etwa Stufe 4) schieben und die Lasagne ca. 35 Minuten backen.

Tipp

Jede Schicht Soße mit 4–5 geschälten Tomaten in Scheiben ergänzen.

Lasagne al forno

Zutaten

1 Knoblauchzehe
1 große Zwiebel
1 EL Pflanzenöl
250 g gemischtes Hackfleisch
3 EL Tomatenmark
Salz
frisch gemahlener Pfeffer
Rosmarin, getrocknet
Oregano, getrocknet
Thymian, getrocknet
250 ml Fleischbrühe
150 g Crème fraîche
125 ml Milch
40 g Parmesan, gerieben
250 g Lasagneblätter
40 g Butter, in Flöckchen

Für 4 Personen

Zubereitung

Die Tagliatelle nach Packungsanleitung al dente (bissfest) garen, abschrecken und abgießen. Die Butter in einem Topf zerlassen, die Nudeln darin schwenken und warm halten.

Für den Muschelsud die Zwiebel und den Knoblauch abziehen und fein hacken. Das Öl in einem Topf erhitzen und die Zwiebeln darin anschwitzen, den Knoblauch zufügen und kurz dünsten. Mit Wein aufgießen, das Lorbeerblatt hineinlegen und den Sud mit Salz und Pfeffer abschmecken. Die Herzmuscheln hineingeben und etwa 5 Minuten unter Rühren garen, bis sich die Schalen öffnen.

Die Tomaten überbrühen, häuten und die Stielansätze entfernen. Das Gemüse halbieren, entkernen und in Würfel schneiden. Die Muscheln aus dem Glas abtropfen lassen. Tomatenwürfel, Muscheln, Garnelen und Kapern zu den Herzmuscheln geben. Alles vorsichtig umrühren, aufkochen und 2 Minuten bei schwacher Hitze köcheln lassen.

Nudeln und Petersilie unter die Meeresfrüchtemischung heben und das Gericht sofort servieren.

Zutaten

400 g Tagliatelle
2–3 EL Butter

Für den Muschelsud:
1 Zwiebel
1 Knoblauchzehe
1 EL Pflanzenöl
125 ml Weißwein
1 Lorbeerblatt
Salz
frisch gemahlener Pfeffer
300 g Herzmuscheln, tiefgekühlt
500 g Tomaten
250 g Muscheln (aus dem Glas)
100 g tiefgekühlte Garnelen, aufgetaut
1 EL Kapern
Petersilie, gehackt

Tagliatelle mit Meeresfrüchten

Zubereitung

Die Basilikumblättchen waschen und trockentupfen. Den Knoblauch abziehen. Käse, Öl, Pinienkerne, Basilikum und Knoblauch in der Küchenmaschine pürieren.

Tipp

Das Pesto in Portionen einfrieren. Tiefgekühlt ist es mindestens 6 Monate haltbar. Das Pesto vor dem Verzehr erwärmen und gut verrühren. Zu Suppen, Eintopfgerichten, gekochtem Rindfleisch und Pasta servieren.

In Italien isst man Pesto gern als Vorspeise zu ofenfrischem Weißbrot.

Man kann das Pesto auch nur mit Parmesan zubereiten, dann rechnet man die doppelte Menge.

Pesto

Zutaten

100 g Basilikumblättchen
6 Knoblauchzehen
50 g Parmesan, gerieben
50 g Pecorino, gerieben
200 ml Olivenöl
75 g Pinienkerne

Für 6–8 Personen

Zubereitung

Die Tomaten überbrühen und häuten. Die Stielansätze entfernen und das Gemüse in grobe Stücke schneiden.

Den Knoblauch schälen und durch die Presse drücken.

Das Öl in einem Topf erhitzen, die Tomatenstücke und den Knoblauch zufügen und alles zu einer dicken Soße einkochen.

Mit Salz, Pfeffer und Zucker abschmecken.

Zutaten

1 kg Tomaten
3 Knoblauchzehen
4 EL Olivenöl
Salz
frisch gemahlener Pfeffer
etwas Zucker

Tomatensoße

Für 4 Personen

Zubereitung

Den Spinat putzen, waschen und in einem Topf bei mäßiger Hitze einige Minuten ohne Zugabe von Flüssigkeit zerfallen lassen. (Tiefgekühlten Spinat nach Packungsanleitung zubereiten.)

Den Spinat in ein Sieb geben, abtropfen und abkühlen lassen. Das Wasser gut ausdrücken und den Spinat hacken. Mit 1 Esslöffel Butter und etwas Salz in den Topf geben und aufkochen. Anschließend abkühlen lassen. Die Eier mit 3 Esslöffeln Parmesan und etwas Muskatnuss unterziehen.

Die Fleischbrühe in einem Topf erhitzen und die Spinatmischung zufügen. Den Deckel schließen und den Topf von der Herdplatte nehmen. Die Suppe einige Minuten ziehen lassen, damit die Eimasse stockt.

Die restliche Butter in einer Pfanne zerlassen und die Ciabattascheiben darin goldgelb rösten.

Die Suppe in vorgewärmte Suppentassen gießen, mit dem restlichen Parmesan bestreuen und mit dem gerösteten Brot servieren.

Spinatsuppe

Zutaten

500 g Spinat
(oder 600 g Blattspinat, tiefgekühlt)
4 EL Butter
Salz
2 Eier (Gew.-Kl. M)
100 g Parmesan
Muskatnuss, gerieben
1 l Fleischbrühe
4 Scheiben Ciabatta

Für 4 Personen

Zubereitung

Die Auberginen waschen, trockentupfen, putzen und in ca. 1 cm dicke Scheiben schneiden. Mit Salz bestreuen, stapeln, mit einem Küchentuch bedecken und zum Entwässern mit Gewichten (z. B. Konservendosen) beschweren.

Die Auberginenscheiben nach ca. 2 Stunden ausdrücken und jede Scheiben mit Küchenpapier trockentupfen.

Das Mehl mit dem Basilikum und den Gewürzen mischen Die Eier verquirlen. Die Auberginenscheiben zuerst in der Mehlmischung wenden und dann durch die Eier ziehen.

Reichlich Öl in einer Pfanne erhitzen und die Auberginenscheiben darin goldgelb braten. Auf Küchenpapier abtropfen lassen und heiß servieren.

Tipp

Gebackene Auberginen mit Joghurtsoße sind eine leckere Vorspeise.

Zutaten

2 Auberginen (à ca. 300 g)
Salz
50 g Weizenmehl
1 TL Basilikum, getrocknet
frisch gemahlener Pfeffer
Muskatnuss, gerieben
2 Eier (Gew.-Kl. M)
Pflanzenöl zum Braten

Gebackene Auberginen

Für 4 Personen

Zubereitung

Die Zite in fingerlange Stücke brechen, nach Packungsanleitung al dente (bissfest) garen und abgießen.

Die Fischfilets unter fließend kaltem Wasser abspülen, trockentupfen und mit Zitronensaft beträufeln. Nochmals trockentupfen und mit Salz bestreuen. Die Brühe mit dem Wein in einem Topf aufkochen. Den Fisch in den Sud legen und etwa 5 Minuten ziehen lassen.

Die Nudeln in eine gefettete Auflaufform geben, die Fischfilets darauf verteilen und mit etwa einem Drittel des Käses bestreuen.

Den Lauch putzen, waschen und in Ringe schneiden. Den Fenchel putzen, waschen und in mundgerechte Stücke schneiden. Die Tomaten überbrühen, häuten, die Stielansätze entfernen und das Gemüse vierteln.

Die Butter in einem Topf zerlassen. Lauch und Fenchel etwa 10 Minuten darin dünsten. Die Tomaten zufügen und die Sahne angießen. Mit Salz und Pfeffer abschmecken. Die Mischung auf den Fischfilets verteilen, mit dem restlichen Käse bestreuen und die Butterflöckchen darüber geben. Den Auflauf im vorgeheizten Ofen überbacken.

Tipp

Zite sind Hohlnudeln, die zwar nicht so lang wie Spaghetti, aber fast doppelt so dick sind.

Ziteauflauf mit Fisch

Zutaten

250 g Zite
400 g Fischfilet (z. B. Kabeljau)
Zitronensaft, Salz
125 ml Fischbrühe
125 ml Weißwein
200 g junger Gouda, gerieben
1 Stange Lauch, 2 Knollen Fenchel
5 Tomaten
40 g Butter, 200 g Sahne
frisch gemahlener Pfeffer
20 g Butterflöckchen

Backofen

Ober-/Unterhitze: 200 °C
Heißluft: 180 °C
Gasherd: Stufe 3–4
Backzeit: ca. 30 Minuten

Für 4 Personen

Zubereitung

Die Hähnchenbrustfilets unter fließend kaltem Wasser abspülen und trockentupfen. Mit Salz und Pfeffer einreiben und mit Salbei bestreuen. Jedes Filet mit einer dünnen Scheibe Schinken umwickeln und diese mit Zahnstochern feststecken.

Das Butterschmalz in einer Pfanne zerlassen und die Hähnchenbrustfilets bei mittlerer Hitze auf beiden Seiten etwa 20 Minuten anbraten. Das Fleisch herausnehmen und warm halten.

Den Fond mit Marsala ablöschen, die Crème fraîche unterrühren und kurz aufkochen. Die Soße mit Salz abschmecken.

Die Zahnstocher aus dem Fleisch ziehen, die Hähnchenbrustfilets in die Marsalasoße legen und etwa 5 Minuten erwärmen.

Tipp

Als Beilage Risotto und Feldsalat oder Baguette und Kopfsalat reichen.

Zutaten

4 Hähnchenbrustfilets (à 125 g)
Salz
frisch gemahlener Pfeffer
Salbeiblätter, gehackt
4 dünne Scheiben roher Schinken
2 EL Butterschmalz
3–4 EL Marsala
150 g Crème fraîche

Hähnchenbrustfilet in Marsalasoße

Für 4 Personen

Zubereitung

Die Paprika halbieren, putzen, waschen, auf ein Backblech legen und in den vorgeheizten Ofen (Ober-/Unterhitze: 250 °C, Heißluft: 220 °C, Gasherd: Stufe 5) schieben. Das Gemüse rösten, bis die Haut Blasen wirft. Die Paprika kurz mit einem feuchten Küchentuch bedecken, die Haut abziehen und das Gemüse in grobe Streifen schneiden.

Die Zucchini waschen, trockentupfen, putzen und in Scheiben schneiden. Die Knoblauchzehe abziehen und fein hacken. Das Basilikum waschen, trockentupfen, die Blättchen von den Stielen zupfen und in Streifen schneiden. Den Mozzarella in Scheiben schneiden.

Paprika, Mozzarella, Zucchini und Oliven in eine leicht gefettete Auflaufform schichten. Mit Salz und Pfeffer würzen.

Das Sojaöl mit dem Basilikum und dem Knoblauch mischen und über das Gemüse träufeln. Die Auflaufform auf dem Rost in den vorgeheizten Ofen schieben.

Tipp

Dazu Baguette und Chianti reichen.

Gemüseauflauf

Zutaten

je 2 rote und gelbe Paprika
4 mittelgroße Zucchini
1 Knoblauchzehe
1 Bund Basilikum
200 g Mozzarella
50 g schwarze Oliven
Salz und Pfeffer
6 EL Sojaöl

Backofen

Ober-/Unterhitze: 200 °C
Heißluft: 180 °C
Gasherd: Stufe 3–4
Backzeit: 25–30 Minuten

Für 2 Personen

Zubereitung

Das Mehl in eine große Schüssel sieben, mit dem Salz mischen und in die Mitte eine Mulde drücken. Die zerbröckelte Hefe darin in 125 ml lauwarmem Wasser und dem Olivenöl auflösen. Den Vorteig mit Mehl bestäuben und ca. 10 Minuten zugedeckt an einem warmen Ort gehen lassen.

Den Vorteig mit dem Mehl zu einem geschmeidigen Teig verkneten. Zu einer Kugel formen, über Kreuz einschneiden, mit etwas Mehl bestäuben und zugedeckt ca. 1 Stunde an einem warmen Ort gehen lassen.

Für den Belag das Fischfilet waschen, trockentupfen und in ca. 1 cm große Stücke schneiden. Das Öl in einem Topf erhitzen. Schalotten und Sellerie darin andünsten. Fischstücke und Tomatenwürfel zufügen. Mit Salz und Pfeffer abschmecken. Knoblauch und Basilikum unter die Fisch-Gemüse-Mischung heben.

Den Pizzateig rund ausrollen (Durchmesser ca. 30 cm) und auf ein leicht gefettetes Backblech legen. Den Teig mit etwas Olivenöl bestreichen und den Belag darauf verteilen. Den Mozzarella abtropfen lassen, in kleine Würfel schneiden und auf der Pizza verteilen.

Die Pizza im vorgeheizten Ofen ca. 25 Minuten backen.

Pizza mit Lotte und Bleichsellerie

Zutaten

Für den Teig:
250 g Weizenmehl
1 Prise Salz
1/2 Würfel Hefe, 1/2 TL Olivenöl

Für den Belag:
400 g Lottefilet
4 EL Olivenöl
4 Schalotten, in feine Ringe geschnitten
200 g Bleichsellerie, in Scheiben
200 g Tomaten, gewürfelt
Salz und Pfeffer
1 Knoblauchzehe, fein gehackt
5 Basilikumblättchen, in Streifen geschnitten
Olivenöl, 400 g Mozzarella

Backofen

Ober-/Unterhitze: 200 °C
Heißluft: 180 °C
Gasherd: Stufe 3–4

Für 2 Personen

Zubereitung

Die Auberginen waschen, trockentupfen und putzen. Das Gemüse in daumendicke Scheiben, dann in Würfel schneiden. Die Auberginenwürfel salzen, etwa 10 Minuten ziehen lassen und anschließend abtrocknen.

Reichlich Öl in einer Pfanne erhitzen und die Auberginenwürfel darin unter Rühren goldbraun braten. Die Tomaten zufügen. Den Knoblauch abziehen, durch die Presse drücken und zum Gemüse geben. Mit Salz, Pfeffer und Oregano würzen. Alles nochmals aufkochen, in eine Schüssel geben und auf Zimmertemperatur abkühlen lassen.

Die Petersilie waschen, trockentupfen, grob hacken und über die Auberginen streuen.

Zutaten

300 g Auberginen
Salz
Pflanzenöl
125 g passierte Tomaten
2 Knoblauchzehen
frisch gemahlener Pfeffer
1/2 TL getrockneter Oregano
1/2 Bund glatte Petersilie

Marinierte Auberginen

Für 4 Personen

Zubereitung

Zwiebeln und Knoblauchzehen abziehen und fein hacken. Das Olivenöl in einem Topf erhitzen. Zwiebeln und Knoblauch darin anschwitzen. Das Hackfleisch zufügen und unter Rühren in ca. 10 Minuten krümelig braten. Mit Salz, Pfeffer und Paprikapulver würzen.

Die Tomaten mit dem Saft zugeben und mit einem Löffel grob zerteilen. Das Tomatenmark untermischen und den Rotwein (oder 125 ml Wasser) angießen. Alles gut verrühren und die Soße 20 Minuten köcheln lassen. Thymian und Basilikum unterheben.

Die Spaghetti nach Packungsanleitung al dente (bissfest) garen, abgießen und abschrecken.

Die Nudeln auf Teller verteilen, die Soße darüber gießen und mit Parmesan bestreuen.

Spaghetti Bolognese

Zutaten

2 Zwiebeln
2 Knoblauchzehen
2 EL Olivenöl
250 g gemischtes Hackfleisch
Salz
frisch gemahlener Pfeffer
Paprikapulver
400 g Tomaten (aus der Dose)
70 g Tomatenmark
125 ml Rotwein
1 TL Thymian, gehackt
1 EL Basilikum, gehackt
400 g Spaghetti
1 EL Pflanzenöl
geriebener Parmesan

Ergibt 12 Stück

Zubereitung

Die Melonen im Kühlschrank einige Stunden kühlen. Die Früchte halbieren, entkernen und die Schale entfernen. Die Hälften jeweils in drei Stücke schneiden.

Jedes Melonenstück mit einer Scheibe Schinken umwickeln und mit Pfeffer bestreuen.

Tipp

Melone mit Parmaschinken ist eine erfrischende Vorspeise.

Zutaten

2 Honigmelonen
12 dünne Scheiben Parmaschinken
frisch gemahlener Pfeffer

Melone mit Parmaschinken

Für 4 Personen

Zubereitung

Das Basilikum waschen und trockentupfen. Die Knoblauchzehen abziehen. Petersilie, Knoblauch, Basilikum und Salz in einem Mörser fein zerreiben. Parmesan und Pecorino hinzufügen.

Die Zutaten gut mischen, das Öl löffelweise zugeben und alles zu einer cremigen Masse verarbeiten (oder das Öl in den Mixer geben und mit allen Zutaten zu einer cremigen Masse pürieren).

Die Spaghetti nach Packungsanleitung al dente (bissfest) garen, abgießen, abschrecken und in eine vorgewärmte Schüssel geben. Die Soße unter die Nudeln heben und das Gericht sofort servieren.

Tipp

Mit frisch geriebenem Parmesan servieren.

Zutaten

1 Bund frisches Basilikum
5 Knoblauchzehen
3–4 EL Petersilie, gehackt
1 TL Salz
50 g Parmesan, gerieben
70 g Pecorino, gerieben
10 EL Olivenöl
400 g Spaghetti

Spaghetti mit grüner Käsesoße

Für 6 Personen

Zubereitung

Die Fischbrühe in einem Topf erhitzen. Lachs- und Rotbarschfilet mit kaltem Wasser abspülen, trockentupfen und in Würfel schneiden. Die Fischwürfel ca. 5 Minuten in der Brühe garen, mit einem Schaumlöffel herausnehmen und beiseite stellen.

Das Gemüse putzen, waschen und trockentupfen. Die Frühlingszwiebeln in Ringe, den Fenchel und die Paprika in Streifen schneiden. Das Fenchelgrün fein hacken und zum Garnieren beiseite stellen.

Die Butter in einem Topf zerlassen und das Gemüse darin schmoren. Mit Mehl bestäuben und mit Wein, Wermut und Fischbrühe aufgießen. Den Fond etwa 10 Minuten kochen lassen, mit Salz, Pfeffer und Zitronensaft abschmecken und mit Sahne und Crème fraîche verfeinern.

Fischwürfel, Muscheln und Garnelen in der Suppe erhitzen. Das Gericht mit Fenchelgrün bestreuen und servieren.

Fischsuppe mit Fenchel

Zutaten

1 l Fisch- oder Gemüsebrühe
200 g Lachsfilet
200 g Rotbarschfilet
2 Frühlingszwiebeln
2 Knollen Fenchel
2 rote Paprika
30 g Butter
30 g Weizenmehl
200 ml Weißwein
200 ml trockener weißer Wermut
Salz
frisch gemahlener Pfeffer
Zitronensaft
250 g Sahne
150 g Crème fraîche
200 g Muscheln, küchenfertig
200 g Garnelen, küchenfertig

Tipp

Man kann die Fischsuppe auch mit anderen Fischen zubereiten. Die Fische sollten jedoch ein festes Fleisch haben, wie Hecht, Steinbutt oder Seezunge.

Für 4 Personen

Zubereitung

Die Kalbsschnitzel mit kaltem Wasser abspülen und trockentupfen. Die Salbeiblättchen vorsichtig waschen und trockentupfen. Jedes Schnitzel mit einem Salbeiblatt und einer Scheibe Schinken belegen. Die Schnitzel zusammenklappen und mit Holzspießen feststecken. Mit Salz und Pfeffer würzen und in Mehl wenden.

Das Öl in einer Pfanne erhitzen und das Fleisch darin auf jeder Seite 2–3 Minuten braten. Die Schnitzel aus der Pfanne nehmen und warm halten. Das Bratfett abgießen.

Für die Soße den Bratensatz mit Wermut ablöschen und nach Belieben nochmals abschmecken.

Kalbsschnitzel mit Schinken und Salbei (Saltimbocca)

Zutaten

8 dünne Kalbsschnitzel
(à ca. 80 g)
8 Salbeiblättchen
8 dünne Scheiben Parmaschinken
Salz
frisch gemahlener Pfeffer
1–2 EL Weizenmehl
3 EL Olivenöl
2 EL trockener Wermut

Für 6 Personen

Zubereitung

Das Fleisch unter fließend kaltem Wasser abspülen und trockentupfen. Die Knoblauchzehen abziehen und das Fleisch damit spicken. Das Olivenöl in einem Bräter erhitzen und die Lammkeule von allen Seiten anbraten.

Die Tomaten mit dem Saft pürieren und in einen Topf geben. Mit Rosmarin, Salz und Pfeffer würzen und kurz aufkochen. Das Tomatenpüree zur Lammkeule geben und den Bräter auf dem Rost in den Ofen schieben. Kurz vor Ende der Bratzeit die Erbsen hinzufügen und alles noch etwa 10 Minuten schmoren.

Das Fleisch aus dem Bräter nehmen, vom Knochen lösen und in Scheiben schneiden. Mit der Gemüsesoße servieren.

Zutaten

1 1/2 kg Lammkeule
12 Knoblauchzehen
6 EL Olivenöl
400 g Tomaten (aus der Dose)
Rosmarin, getrocknet
Salz
frisch gemahlener Pfeffer
500 g junge Erbsen (frisch oder tiefgekühlt)

Backofen

Ober-/Unterhitze: 180 °C (vorgeheizt)
Heißluft: 160 °C (nicht vorgeheizt)
Gasherd: Stufe 2–3 (nicht vorgeheizt)
Garzeit: ca. 1 1/2 Stunden

Toskanische Lammkeule

Für 6 Personen

Zubereitung

Die Apfelsinen unter fließendem Wasser heiß abspülen und gut abtrocknen. Von drei Apfelsinen die Schale abreiben. Die Zitrone dünn schälen und die Schale in sehr feine Streifen schneiden. Apfelsinen und Zitrone auspressen.

Den Saft mit dem Zucker in einen Topf geben. Die abgeriebene Apfelsinenschale zufügen und alles bei schwacher Hitze sirupähnlich einkochen.

Die Feigen vierteln und auf einen dekorativen Teller legen. Mit der heißen Fruchtsoße überziehen und mit den Zitronenschalenstreifen bestreuen. Den Teller mit Klarsichtfolie abdecken und die Feigen über Nacht im Kühlschrank ziehen lassen.

Zum Garnieren die Sahne mit dem Vanillezucker nicht zu steif schlagen, zu den Feigen geben und das Dessert eiskalt servieren.

Zutaten

4 Apfelsinen (unbehandelt)
1 Zitrone (unbehandelt)
250 g Zucker
12 blaue Feigen
200 g Sahne
1 Pck. Vanillezucker

Feigen in Apfelsinensoße

Für 2 Personen

Zubereitung

Die Nudeln nach Packungsanleitung al dente (bissfest) garen, abgießen und abschrecken. Die Butter in einem Topf zerlassen, die Nudeln darin schwenken und warm halten.

Die Knoblauchzehen abziehen und fein hacken. Die Champignons putzen und in Scheiben schneiden. Die Petersilie waschen, trockentupfen und fein hacken. Die Muscheln abtropfen lassen, dabei die Flüssigkeit auffangen.

Das Fett in einem Topf erhitzen und den Knoblauch darin anschwitzen. Die Champignonscheiben und die Petersilie zufügen und alles 5 Minuten braten. Mit etwas Muschelflüssigkeit ablöschen und alles zugedeckt etwa 10 Minuten schmoren.

Die Muscheln in der Soße wärmen. Alles mit Salz, Pfeffer und Zwiebelpulver abschmecken. Die Muschel-Pilzsoße unter die Tagliatelle heben. Die Nudeln auf Teller verteilen und sofort servieren.

Tagliatelle mit Muscheln

Zutaten

200 g Tagliatelle
2 EL Butter
2 Knoblauchzehen
200 g Champignons
1 Bund Petersilie
500 g Muscheln (aus dem Glas)
ca. 50 g Butter oder Margarine
Salz
frisch gemahlener Pfeffer
Zwiebelpulver

Zubereitung

Für den Teig das Mehl in eine große Schüssel sieben. Zucker, Zitronenschale und Butter hinzufügen. Alle Zutaten mit den Knethaken des Handmixers kurz auf niedrigster, dann auf höchster Stufe verkneten. Den Teig mit den Händen geschmeidig kneten und kalt stellen.

Den Teig etwa 3 mm dünn ausrollen und runde Plätzchen (Durchmesser ca. 5 cm) ausstechen. Die Plätzchen auf ein mit Backpapier ausgelegtes Backblech legen.

Für den Belag das Marzipan mit dem elektrischen Rührgerät in einer Schüssel glatt rühren. Nach und nach Puderzucker, Eigelb und Zitronensaft untermischen, bis eine glatte Masse entsteht. Die Masse in einen Spritzbeutel mit kleiner Sterntülle füllen und auf die Hälfte der Plätzchen kleine Häufchen spritzen. Das Backblech in den vorgeheizten Ofen schieben.

Die gebackenen Plätzchen abkühlen lassen.

Für die Füllung das Marzipan mit dem elektrischen Rührgerät in einer Schüssel glatt rühren. Rum und Aprikosenmarmelade untermischen. Die unbelegten Plätzchen damit bestreichen und mit einem belegten Plätzchen zu einem Törtchen zusammensetzen.

Die Kirschen vierteln und jedes Törtchen mit einer Kirschspalte garnieren.

Die Aprikosenmarmelade durch ein Sieb streichen, mit wenig Wasser vermischen und in einem Topf aufkochen. Die Marzipantörtchen damit bestreichen.

Marzipantörtchen

Zutaten

Für den Teig:
200 g Mehl, 60 g Zucker
abgeriebene Schale einer Zitrone (unbehandelt)
125 g weiche Butter

Für den Belag:
125 g Marzipanrohmasse
30 g Puderzucker, gesiebt
1 Eigelb, 1 EL Zitronensaft

Für die Füllung:
75 g Marzipanrohmasse
1–2 EL Rum
1 EL Aprikosenmarmelade
3–4 kandierte Kirschen

Für die Glasur:
1 1/2 EL Aprikosenmarmelade

Backofen

Ober-/Unterhitze: 180–200 °C
Heißluft: 160–180 °C
Gasherd: ca. Stufe 3
Backzeit: ca. 15 Minuten

Ergibt 12 Stück

Zubereitung

Die Hefe in 2–3 Esslöffeln lauwarmem Wasser auflösen. Das Mehl in eine Schüssel sieben und mit der Hefe, 200 ml lauwarmem Wasser und dem Öl mit den Knethaken des Handmixers in etwa 5 Minuten zu einem festen Teig verkneten.

Petersilie und Sauerampfer waschen, trockentupfen und fein hacken. Den Knoblauch abziehen, fein hacken und mit den Kräutern unter den Teig kneten. Den Teig zugedeckt an einem warmen Ort gehen lassen, bis sich sein Volumen etwa verdoppelt hat. Den Teig in zwölf Portionen teilen und mit dem Nudelholz zwölf runde dünne Pizzaböden ausrollen.

Für den Belag die Möhren schälen und in etwa 5 mm dicke Scheiben schneiden. 1 Esslöffel Öl in einem Topf erhitzen, die Möhrenscheiben darin anbraten, mit etwas Salz abschmecken und ca. 10 Minuten dünsten. Die Tomaten waschen, die Stielansätze entfernen und das Gemüse in ca. 5 mm dicke Scheiben schneiden. Die Zucchini waschen, trockentupfen, putzen und in ca. 5 mm dicke Scheiben schneiden. Den Mozzarella abtropfen lassen und würfeln.

Je vier Pizzböden mit jeweils einer Gemüsesorte belegen und die Mozzarellawürfel darüber verteilen. Mit Salz und Pfeffer würzen. Die Pizzas auf ein gefettetes Backblech legen und in den vorgeheizten Ofen schieben.

Die Minipizzas nach dem Backen mit dem restlichen Öl beträufeln, mit Basilikum bestreuen und heiß servieren.

Zutaten

Für den Teig:

1/2 Würfel Hefe
300 g Weizenvollkornmehl
1 EL Maiskeimöl
1/2 TL Salz
1 Bund Petersilie
1 Bund Sauerampfer
2 Knoblauchzehen

Für den Belag:

300 g Möhren
5 EL Maiskeimöl
Salz
300 g kleine feste Tomaten
300 g kleine Zucchini
300 g Mozzarella
Pfeffer
1 EL Basilikum, gehackt

Minipizzas

Backofen
Ober-/Unterhitze: 180–200 °C
Heißluft: 160–180 °C
Gasherd: ca. Stufe 3
Backzeit: 25–30 Minuten

Zubereitung

Die Butter mit dem elektrischen Rührgerät auf höchster Stufe etwa 1/2 Minute schaumig rühren. Den Zucker löffelweise unterrühren. Vanillezucker, Salz und Zitronenschale zufügen. Die Eier einzeln unterrühren (pro Ei etwa 1 Minute rühren).

Das Mehl mit dem Backpulver in eine Schüssel sieben. Etwa die Hälfte löffelweise unter den Teig heben. Das restliche Mehl zufügen, alles zu einem weichen Teig verkneten und über Nacht kalt stellen.

Den Teig etwa 1/2 cm dünn ausrollen, mit einer Reibe ein Muster eindrücken und Rosetten ausstechen. Die Plätzchen auf ein mit Backpapier ausgelegtes Backblech legen und in den vorgeheizten Ofen schieben.

Die Butter in einer Pfanne zerlassen und die Plätzchen nach dem Backen sofort damit bestreichen. Den Zucker mit dem Vanillezucker mischen und die Plätzchen damit bestreuen.

Butterplätzchen

Zutaten

300 g weiche Butter
250 g Zucker
1 Pck. Vanillezucker
Salz
abgeriebene Schale einer Zitrone (unbehandelt)
2 Eier (Gew.-Kl. L)
500 g Weizenmehl
2 gestrichene TL Backpulver

ca. 60 g Butter
60 g Zucker
1 Pck. Vanillezucker

Backofen

Ober-/Unterhitze: 180–200 °C
Heißluft: 160–180 °C
Gasherd: Stufe 3
Backzeit: ca. 12 Minuten

4 Palazzo della Ragione
5 Torre del Comune
6 Biblioteca Civica
7 Torre di Gombito
8 San Pancrazio
9 Rocca

Für 4 Personen

Zubereitung

Eine Glasschale mit gewaschenen, abgetropften Salatblättern auslegen.

Den Thunfisch abtropfen lassen, zerkleinern und auf die Salatblätter legen.

Die Zwiebel schälen, in Ringe schneiden, auf dem Salat verteilen und mit den Kapern bestreuen.

Öl, Zitronensaft, Salz und Pfeffer zu einer Marinade aufschlagen. Den Salat damit beträufeln und im Kühlschrank gut ziehen lassen.

Tipp

Den Thunfischsalat mit hart gekochten, geviertelten Eiern, Tomatenspalten und gebratenen Auberginenscheiben verfeinern und mit Basilikumblättchen garnieren.

Zutaten

Salatblätter
500 g Thunfisch (aus der Dose)
1 rote Zwiebel
50 g Kapern
125 ml Olivenöl
Saft einer Zitrone
Salz
frisch gemahlener Pfeffer

Thunfischsalat

Für 2 Personen

Zubereitung

Für den Teig das Mehl in eine große Schüssel sieben. Die übrigen Zutaten untermischen, alles rasch zu einem festen Teig verkneten und 30 Minuten im Kühlschrank ruhen lassen.

Für den Belag das Kalbsfilet unter fließend kaltem Wasser abspülen, trockentupfen und in kleine Würfel schneiden. Sojasoße, Rohrzucker und Pfeffer in einer Schüssel mischen und das Fleisch kurz in der Soße marinieren.

Die Ananasscheiben abtropfen lassen und in mundgerechte Stücke schneiden. Die Tomaten waschen, die Stielansätze entfernen und das Gemüse achteln. Den Chicorée waschen, den Strunk mit einem spitzen Messer entfernen und das Gemüse in dünne Ringe schneiden. Die Frühlingszwiebeln putzen, waschen und in Ringe schneiden. Das Tomatenmark mit etwas Wasser zu einer streichbaren Masse verrühren.

Den Teig nochmals durchkneten, ausrollen, auf ein gefettetes Pizzablech (Durchmesser etwa 30 cm) legen und dabei den Rand andrücken. Das Tomatenmark auf dem Pizzaboden verstreichen und mit dem Fleisch, den Ananas, den Tomaten, dem Chicorée und den Frühlingszwiebeln belegen. Den Käse in Streifen schneiden und über der Pizza verteilen.

Das Pizzablech auf dem Rost in den vorgeheizten Ofen schieben.

Zutaten

Für den Teig:
250 g Weizenmehl
1 Ei (Gew.-Kl. M)
1/2 TL Salz
5 EL Kondensmilch
100 g kalte Butter

Für den Belag:
200 g Kalbsfilet
3 EL Sojasoße
1/2 TL Rohrzucker
frisch gemahlener Pfeffer
5 Scheiben Ananas (aus der Dose)
4 kleine Tomaten
1 Chicorée
2 Frühlingszwiebeln
2 EL Tomatenmark
250 g Käse, in dünne Scheiben geschnitten

Exotische Pizza

Backofen
Ober-/Unterhitze: 200 °C
Heißluft: 180 °C
Gasherd: Stufe 3–4
Backzeit: ca. 30 Minuten

Für 4 Personen

Zubereitung

Die Kalbsfilets unter fließend kaltem Wasser abspülen, trockentupfen und in zehn ca. 2 cm dicke Scheiben schneiden. Die Medaillons mit Pfeffer würzen.

Die Salbeiblätter vorsichtig waschen und trockentupfen. Die Bauchfleischscheiben halbieren.

Auf jedes Medaillon zwei Salbeiblättchen und eine halbe Scheibe Bauchfleisch legen und mit einer Scheibe Speck umwickeln. Die Medaillons abwechselnd mit den Oliven auf vier Spieße stecken.

Die Fleischspieße mit Öl bestreichen und im vorgeheizten Backofen unter gelegentlichem Wenden etwa 15 Minuten grillen.

Kalbsmedaillons Florentiner Art

Zutaten

2 Kalbsfilets (à 300 g)
frisch gemahlener Pfeffer
20 Salbeiblätter
5 dünne Scheiben Bauchfleisch, gepökelt und gekocht
10 dünne Scheiben durchwachsener Räucherspeck
20 grüne Oliven, gefüllt
3 EL Olivenöl

Für 8 Personen

Zubereitung

Die Oliven in Scheiben schneiden. Die Anschovisfilets und die Zwiebel klein schneiden. Den Käse in dünne Scheiben schneiden.

Oliven, Anschovis, Zwiebeln und Käse mit 200 ml Olivenöl in einer Schüssel mischen. Mit Salz würzen.

Einen Teil der Mischung abwechselnd mit dem Brokkoli in einen ofenfesten Topf mit Deckel schichten. Mit Brokkoli abschließen. Alles mit dem restlichen Olivenöl beträufeln.

Das Gemüse mit Rotwein bedecken und bei schwacher Hitze im geschlossenen Topf ca. 1½ Stunden im Backofen schmoren, bis der Wein verdampft ist.

Brokkoli mit Anschovis

Zutaten

50 g schwarze Oliven, ohne Steine
8 Anschovisfilets
1 kleine Zwiebel, geschält
50 g Käse, würzige Sorte
250 ml Olivenöl
Salz
2 kg Brokkoli, geputzt
trockener Rotwein

Für 4 Personen

Zubereitung

Für den Teig das Vollkornmehl mit dem Maismehl und dem Backpulver in einer großen Schüssel mischen. Quark, Öl, Ei, Oregano, Salz und 2–3 Esslöffel Wasser zufügen. Die Zutaten mit den Knethaken des Handmixers zunächst auf niedrigster, dann auf höchster Stufe zu einem glatten Teig verrühren (nicht zu lange rühren, sonst wird der Teig klebrig). Den Teig auf einer mit Mehl bestäubten Arbeitsfläche zu einer Rolle formen.

Für den Belag den Brokkoli putzen, waschen und in Röschen teilen. In einem Topf reichlich Wasser mit etwas Salz zum Kochen bringen. Die Brokkoliröschen etwa 4 Minuten darin garen, mit einem Schaumlöffel herausnehmen, abschrecken und abtropfen lassen. Die Zuckererbsen putzen, eventuell halbieren und 2 Minuten im Salzwasser garen. Das Gemüse abgießen, abschrecken und abtropfen lassen. Die Frühlingszwiebeln putzen, waschen und in Ringe schneiden. Die Zucchini waschen, putzen und in 1/2 cm dicke Scheiben schneiden. Petersilie und Basilikum waschen, trockentupfen und die Blättchen von den Stielen zupfen. Mit dem Sauerrahm und den Eiern mit dem Stabmixer pürieren.

Den Teig nochmals kurz durchkneten und auf einem gefetteten Backblech ausrollen. Mit der Kräuter-Sauerrahm-Mischung bestreichen und abwechselnd mit den Gemüsesorten belegen. Mozzarella und Emmentaler darüber verteilen und das Backblech in den vorgeheizten Ofen schieben.

Zutaten

Für den Quarkölteig:
200 g Weizenvollkornmehl
50 g Maismehl
1 TL Backpulver
150 g Magerquark
6 EL Olivenöl
1 Ei (Gew.-Kl. M)
1 TL Oregano, getrocknet
1 TL Salz

Für den Belag:
300 g Brokkoli, Salz
200 g Zuckererbsen
4 Frühlingszwiebeln
200 g Zucchini
1 Bund glatte Petersilie
1 Bund Basilikum
300 g Sauerrahm
2 Eier (Gew.-Kl. M)
250 g Mozzarella, gewürfelt
125 g Emmentaler, gerieben

Grüne Riesenpizza

Backofen

Ober-/Unterhitze: 180–200 °C

Heißluft: 160–180 °C

Gasherd: Stufe 3

Backzeit: ca. 30 Minuten

Für 6 Personen

Zubereitung

Den Hasen waschen, trockentupfen und das Fett entfernen. Das Fleisch in sechs Portionen teilen.

Den Essig mit 250 ml Wasser in einer Schüssel verrühren. Die Knoblauchzehe abziehen und grob hacken. Den Sellerie putzen, waschen und raspeln. Beide Zutaten mit den Gewürzen in das Essigwasser geben und alles gut mischen. Die Fleischstücke einlegen und etwa 24 Stunden an einem kalten Ort marinieren, dabei ab und zu wenden.

Das Fleisch aus der Marinade nehmen, trockentupfen und mit Mehl bestäuben. Das Butterschmalz in einem Topf erhitzen, die Fleischstücke darin anbraten und etwas Wein angießen. Das Fleisch mehrmals mit der Bratflüssigkeit übergießen, dabei die verdampfte Flüssigkeit mit Wein und Wildfond ersetzen. Das Fleisch etwa 1 Stunde schmoren, aus dem Topf nehmen und warm halten.

Den Fond mit dem restlichen Wein und der restlichen Brühe aufkochen. Das Tomatenmark und die passierten Tomaten unterrühren und sämig einkochen lassen. Das Öl in einer Pfanne erhitzen, den Speck darin auslassen und in die Soße geben. Die Knoblauchzehe abziehen, fein hacken und ebenfalls zufügen. Alles mit Salz, Pfeffer und Branntwein abschmecken und die Soße mit dem Fleisch servieren.

Hase in Tomatensoße

Zutaten

1 Hase (ca. 1,5 kg), küchenfertig
250 ml Rotweinessig
1 Knoblauchzehe
50 g Knollensellerie
1 EL Thymian, getrocknet
2 Lorbeerblätter
Salz und Pfeffer
20 g Weizenmehl
80 g Butterschmalz
125 ml Weißwein
125 ml Wildfond
2 EL Tomatenmark
100 g passierte Tomaten
3 EL Olivenöl
100 g durchwachsener Speck, gewürfelt
1 Knoblauchzehe
4 EL Branntwein

Für 4 Personen

Zubereitung

Für die Dillbutter die Butter in einer Schüssel glatt rühren. Dill und Kerbel waschen und trockentupfen. Den Dill klein schneiden, den Kerbel fein hacken. Die Butter mit den Kräutern mischen und mit Zitronensaft, Salz und Pfeffer würzen. Daraus eine Rolle formen, in Alufolie wickeln und kalt stellen.

Die Scampi auftauen und mit kaltem Wasser abspülen.

In einem Topf reichlich Wasser mit etwas Salz zum Kochen bringen. Eine Knoblauchzehe, Petersilienstängel, Pfefferkörner und Scampi zufügen und 2 Minuten kochen lassen. Die Scampi abgießen, abschrecken und abtropfen lassen. Schale und Därme entfernen.

Die Tomaten überbrühen, häuten, vierteln und die Stielansätze entfernen. Die Oliven in Scheiben schneiden. Abwechselnd Tomatenviertel, Scampi und Oliven auf Spieße stecken.

Den restlichen Knoblauch abziehen, zerdrücken und mit dem Öl mischen. Die Spieße damit bestreichen und 3–4 Minuten auf den Rost des vorgeheizten Grills legen. Die Spieße während des Grillens wenden und mehrmals mit Knoblauchöl bestreichen. Vor dem Servieren mit Salz und Pfeffer würzen.

Die Dillbutter in Scheiben schneiden und zu den Scampispießen reichen.

Zutaten

Für die Dillbutter:
80 g weiche Butter
2 Bund Dill
1 Bund Kerbel
einige Tropfen Zitronensaft
Salz
weißer Pfeffer

Für die Spieße:
400 g Scampi, tiefgekühlt
Salz
3 Knoblauchzehe
3 Stängel Petersilie
einige Pfefferkörner
4 Tomaten
100 g grüne Oliven, gefüllt
6 EL Olivenöl
schwarzer Pfeffer

Scampispieße mit Dillbutter

Tipp

Als Beilage Vollkorntoast und Tomatensalat servieren.

Für 4 Personen

Zubereitung

Das Fleisch unter fließend kaltem Wasser abspülen, trockentupfen und mit Pfeffer einreiben. Die Zwiebel schälen und in Würfel schneiden.

Das Öl in einer Pfanne erhitzen und die Koteletts darin auf beiden Seiten 2 Minuten anbraten. Die Zwiebelwürfel und die Oliven hinzufügen und kurz anbraten. Mit Pfeffer würzen und mit der Brühe aufgießen. Das Fleisch etwa 30 Minuten schmoren.

Die Tomaten überbrühen, häuten, die Stielansätze entfernen und das Gemüse achteln. Die Tomatenachtel kurz vor Ende der Schmorzeit zum Fleisch geben.

Das Fleisch aus der Pfanne nehmen, salzen und warm halten. Den Fond durch ein Sieb in die Pfanne gießen, das aufgefangene Gemüse beiseite stellen.

Mehl und saure Sahne mischen und die Soße damit binden. Das Gemüse wieder hinzufügen und kurz erwärmen.

Koteletts mit Oliven

Zutaten

4 Koteletts (à 200 g)
frisch gemahlener Pfeffer
1 Zwiebel
4 EL Pflanzenöl
15 grüne Oliven, gefüllt
500 ml Fleischbrühe
2 Tomaten
Salz
1 EL Weizenmehl
100 g saure Sahne

Für 4 Personen

Zubereitung

Die Auberginen waschen, trockentupfen, putzen und in Scheiben schneiden. Mit Salz bestreuen und in ein Sieb legen. Das Salz nach etwa 30 Minuten mit kaltem Wasser abspülen und die Auberginenscheiben trockentupfen.

Inzwischen die Tomaten überbrühen, häuten, die Stielansätze entfernen und das Gemüse in Scheiben schneiden. Den Knoblauch abziehen und in Scheiben schneiden. Den Mozzarella abtropfen lassen und in dünne Scheiben schneiden.

Abwechselnd Auberginen, Tomaten und Salami in eine gefettete Auflaufform schichten und den Knoblauch dazwischen verteilen. Den Mozzarella darüber legen.

Den Auflauf mit Öl beträufeln, die Form mit Backpapier abdecken und auf dem Rost in den vorgeheizten Ofen schieben.

Das Gericht vor dem Servieren mit Petersilie bestreuen.

Zutaten

4 mittelgroße Auberginen
Salz
8 Tomaten
6 Knoblauchzehen
200 g Mozzarella
50 g Salami, in Scheiben
6 EL Olivenöl
Petersilie, gehackt

Backofen

Ober-/Unterhitze: 200 °C
Heißluft: 180 °C
Gasherd: Stufe 3–4
Backzeit: ca. 50 Minuten

Auberginenauflauf

Zubereitung

Für den Teig das Mehl mit dem Backpulver in eine Schüssel sieben. Die übrigen Zutaten zufügen und alles zu einem glatten Teig verkneten. (Falls der Teig klebt, kühl stellen.) Den Teig etwa 3 mm dünn ausrollen und runde Plätzchen (Durchmesser ca. 8 cm) ausstechen. Die Plätzchen auf ein gut gefettetes Backblech legen und im vorgeheizten Ofen in 5–7 Minuten goldgelb backen.

Für den Belag Butter, Zucker, Vanillezucker und Honig unter Rühren in einem Topf karamellisieren lassen. Die Sahne einrühren, bis sich die Karamellmasse löst. Mandeln, Haselnüsse und kandierte Kirschen zufügen und unter Rühren erhitzen, bis die Masse bindet. Das Rumaroma untermischen. Die Masse auf die Plätzchen streichen. Das Backblech in den vorgeheizten Ofen schieben und die Florentiner 10–12 Minuten backen.

Für die Glasur die Kuvertüre im heißen Wasserbad bei schwacher Hitze glatt rühren. Die Unterseite der abgekühlten Plätzchen damit bestreichen.

Backofen

Ober-/Unterhitze: 200 °C, Heißluft: 180 °C,
Gasherd: Stufe 3–4

Florentiner

Zutaten

Für den Teig:

150 g Weizenmehl
1/2 TL Backpulver
50 g Zucker
1 Pck. Vanillezucker
1 Ei (Gew.-Kl. M)
75 g Butter

Für den Belag:

50 g Butter, 100 g Zucker
1 Pck. Vanillezucker
2 EL Honig
125 g Sahne
100 g Mandeln, gerieben
100 g Haselnüsse, gerieben
25 g kandierte Kirschen, in Stücke geschnitten
5 Tropfen Rumaroma

Für die Glasur:

75 g Vollmilchkuvertüre

Für 4 Personen

Zubereitung

Die Aubergine waschen, trockentupfen, putzen, würfeln und salzen. 10 Minuten ziehen lassen, mit kaltem Wasser abspülen und abtropfen lassen. Die Zwiebel schälen und fein hacken. Die Paprika halbieren, putzen, waschen und in Streifen schneiden. Die Zucchini waschen, trockentupfen, putzen und in dünne Scheiben schneiden. Den Knoblauch abziehen und fein hacken.

Das Öl in einem Topf erhitzen und das Gemüse darin unter Rühren etwa 5 Minuten anbraten. Mit Wein und Essig aufgießen und das Ganze mit Salz, Pfeffer, Zucker und Kräutern abschmecken. Das Gemüse bei geschlossenem Deckel 15–20 Minuten garen.

Das Tomatenmark mit dem Tomatensaft mischen, zum Gemüse geben und mit Gemüsebrühe abschmecken. Nochmals erhitzen und auf einer großen Platte dekorativ anrichten.

Zutaten

1 kleine Aubergine
1 mittelgroße Zwiebel
1 kleine rote Paprika
1 kleine Zucchini
1 Knoblauchzehe
2 EL Olivenöl
2–3 EL Weißwein
1–2 EL Weinessig
Salz
frisch gemahlener Pfeffer
Zucker
Basilikum, gehackt
Oregano, gehackt
1 EL Tomatenmark
125 ml Tomatensaft
Gemüsebrühe (Instant)

Italienisches Gemüse

Für 4 Personen

Zubereitung

Das Öl in einer Pfanne erhitzen. Die Zwiebel und den Knoblauch abziehen, fein hacken und im Öl andünsten. Den gefrorenen Blattspinat zugeben, wenig Wasser angießen und den Spinat etwa 15 Minuten bei geschlossenem Deckel dämpfen. Mit Salz, Pfeffer und Muskatnuss würzen. Das abgetropfte Gemüse in eine gefettete Auflaufform geben.

Für die Soße die Butter in einer Pfanne zerlassen. Bei schwacher Hitze das Mehl unterrühren, bis es hellgelb ist. Milch und Sahne einrühren und alles etwa 2 Minuten köcheln lassen. Mit Salz und Pfeffer würzen. Etwa ein Drittel der Soße mit der Hälfte des Parmesans mischen, den Rest beiseite stellen.

Die Hälfte der Käsesoße über den Spinat gießen, die Cannelloni mit der anderen Hälfte füllen (z. B. mit einer Spritze). Die Cannelloni auf den Spinat legen und die restliche Milchsoße darüber gießen. Mit dem übrigen Parmesan bestreuen und die Butterflöckchen darüber verteilen.

Die Auflaufform auf dem Rost in den vorgeheizten Backofen schieben.

Zutaten

1 EL Pflanzenöl
1 Zwiebel
1 Knoblauchzehe
600 g Blattspinat, tiefgekühlt
Salz und Pfeffer
Muskatnuss, gerieben

Für die Soße:
40 g Butter
40 g Weizenmehl
375 ml Milch
125 g Sahne
Salz und Pfeffer
120 g Parmesan, gerieben
125 g Cannelloni
40 g Butterflöckchen

Backofen

Ober-/Unterhitze: 220 °C
Heißluft: 200 °C
Gasherd: Stufe 4–5
Backzeit: 20–30 Minuten

Cannelloni mit Blattspinat

Tipp

Als Beilage Tomatensalat servieren.

Für 2 Personen

Zubereitung

Den Blätterteig auftauen. Die Tomaten überbrühen, häuten, die Stielansätze entfernen und das Gemüse quer halbieren.

Den Käse mit den Eiern und der Crème fraîche verquirlen. Mit Pfeffer und Muskatnuss würzen. Das Basilikum waschen, trockentupfen und die Blättchen von den Stielen zupfen. Einige Blättchen beiseite stellen, den Rest fein hacken.

Vier Gratinförmchen (Durchmesser 12 cm) mit kaltem Wasser ausspülen. Den Teig sehr dünn ausrollen (etwa 1,5 mm), die Förmchen damit auslegen und einen Rand hochdrücken. Die Törtchen mit dem gehacktem Basilikum bestreuen. Die Tomatenhälften und die Käsemasse darauf verteilen.

Die Törtchen zunächst auf der untersten Schiene im vorgeheizten Ofen backen, nach etwa der Hälfte der Zeit auf der mittleren Schiene fertig backen.

Die Törtchen mit den beiseite gestellten Basilikumblättchen garnieren und servieren.

Tomatentörtchen mit Basilikum

Zutaten

150 g Blätterteig, tiefgekühlt
12 Kirschtomaten
50 g Gouda, gerieben
2 Eier (Gew.-Kl. M)
2 EL Crème fraîche
frisch gemahlener Pfeffer
Muskatnuss, gerieben
1 Bund Basilikum

Backofen

Ober-/Unterhitze: 220 °C
Heißluft: 200 °C
Gasherd: Stufe 4–5
Backzeit: 10 Minuten

Für 6 Personen

Zubereitung

Die Tagliatelle nach Packungsanleitung al dente (bissfest) garen, abgießen, abschrecken und warm halten.

Für die Soße die Zitrone waschen, trockentupfen, die Schale abreiben und beiseite stellen. Die Zitrone filetieren und das Fruchtfleisch würfeln.

Die Zitronenwürfel mit der Sahne und dem Aquavit in einen Topf geben, erhitzen und die Soße 5 Minuten köcheln lassen. Den Zitronensaft hinzufügen und weitere 5 Minuten köcheln lassen. Die Soße mit Salz, Pfeffer und Zucker abschmecken.

Die Tagliatelle mit der Zitronensoße und dem Parmesan mischen in eine Glasschüssel füllen, mit der beiseite gestellten Zitronenschale bestreuen und servieren.

Zutaten

600 g Tagliatelle
1 Zitrone (unbehandelt)
500 g Sahne
3–4 EL Aquavit
Saft einer Zitrone
Salz
frisch gemahlener Pfeffer
Zucker
60 g geriebener Parmesan

Tagliatelle mit Zitronensoße

Tipp

Grünen Salat zu den Nudeln servieren oder die Tagliatelle mit Zitronensoße zu gebackenem Hähnchenbrustfilet reichen.

Für 4 Personen

Zubereitung

Für den Teig das Mehl in eine Schüssel sieben und mit der Hefe mischen. Die übrigen Zutaten hinzufügen und alles mit den Knethaken des Handmixers zunächst auf niedrigster, dann auf höchster Stufe in 5 Minuten zu einem glatten Teig verkneten. Den Teig zugedeckt an einem warmen Ort gehen lassen, bis sich sein Volumen verdoppelt hat.

Für den Belag den Sellerie und den Lauch putzen, waschen und in Scheiben schneiden. Die Paprika halbieren, putzen, waschen und in Streifen schneiden. Die Zwiebel und den Knoblauch abziehen und fein hacken. 3 Esslöffel Öl in einem Topf erhitzen und das Gemüse und den Knoblauch darin 5 Minuten dünsten. Mit Salz, Pfeffer und Kräutern würzen.

Das Fleisch kalt abspülen, trockentupfen, in Streifen schneiden und mit Salz und Pfeffer würzen. Das restliche Öl in einer Pfanne erhitzen und das Fleisch darin etwa 5 Minuten braten, dabei regelmäßig wenden. Die Sojasoße darüber träufeln, gut umrühren und das Fleisch abkühlen lassen.

Das Tomatenmark mit etwas Wasser zu einer streichfähigen Masse verrühren und mit Salz, Pfeffer und Kräutern der Provence würzen.

Den Hefeteig durchkneten und auf einem gefetteten Backblech ausrollen. Mit der Tomatenmasse bestreichen. Das gedünstete Gemüse, die Tomatenscheiben und die Fleischstreifen darauf verteilen.

Die Pizza mit dem Käse bestreuen und im vorgeheizten Ofen (Ober-/Unterhitze: 200–220 °C, Heißluft: 180–200 °C, Gasherd: Stufe 4) ca. 25 Minuten backen.

Geflügelpizza

Zutaten

Für den Hefeteig:

300 g Weizenmehl

1 Pck. Trockenhefe, 1 TL Zucker

1 gestrichener TL Salz

175 ml lauwarmes Wasser

1 EL Pflanzenöl

Für den Belag:

2 Stangen Bleichsellerie

1 Stange Lauch

1 rote Paprika, 1 Zwiebel

1 Knoblauchzehe

5 EL Pflanzenöl

Salz und weißer Pfeffer

Kräuter der Provence

375 g Hähnchenbrustfilet

2 EL Sojasoße, 2 EL Tomatenmark

2 Tomaten, in Scheiben

100–150 g Gouda, gerieben

Für 4 Personen

Zubereitung

Die Auberginen waschen, trockentupfen, putzen, in fingerdicke dünne Scheiben schneiden und mit Salz bestreuen. Das Salz nach etwa 10 Minuten mit kaltem Wasser abspülen und das Gemüse trockentupfen.

Reichlich Öl in einer Pfanne erhitzen und die Auberginenscheiben darin langsam auf beiden Seiten braten. Herausnehmen und auf Küchenpapier abtropfen lassen.

Den Knoblauch abziehen und in Scheiben schneiden.

Die Auberginenscheiben dachziegelartig auf eine große Platte legen, den Knoblauch darauf verteilen und mit Basilikumblättchen garnieren.

Das Gemüse kalt oder warm servieren.

Zutaten

500 g Auberginen
Salz
Olivenöl
2 Knoblauchzehen
einige Basilikumblättchen

Gebratene Auberginen

Für 4 Personen

Zubereitung

Den Blumenkohl putzen, waschen und in Röschen teilen. Die Möhren schälen und in Scheiben schneiden. Die Bohnen waschen, putzen und in Stücke schneiden. Den Lauch waschen, putzen und in 1 cm dicke Ringe schneiden. Den Sellerie schälen und in Würfel schneiden. Die Erbsen waschen und abtropfen lassen.

Die Butter in einem Topf zerlassen und das Gemüse darin anbraten. Die Gemüsebrühe angießen, mit Salz und Pfeffer würzen und das Gemüse zugedeckt bei schwacher Hitze etwa 20 Minuten garen.

Die Suppe mit den Kräutern bestreuen und servieren.

Tipp

Man kann das Gericht mit zwei gewürfelten Tomaten verfeinern, die man kurz vor Ende der Garzeit in die Suppe gibt. Als Einlage schmecken Grießnockerl.

Ländliche Gemüsesuppe

Zutaten

125 g Blumenkohl
2 mittelgroße Möhren
125 g Schnittbohnen
1 Stange Lauch
100 g Knollensellerie
100 g junge Erbsen
40 g Butter
750 ml Gemüsebrühe
Salz
frisch gemahlener Pfeffer
2 EL gehackte Kräuter
(z. B. Petersilie, Kerbel)

Für 4 Personen

Zubereitung

Die Fenchelknollen waschen, trockentupfen, halbieren und in feine Streifen schneiden.

Die Apfelsinen schälen und filetieren. Die Zwiebel schälen und in Ringe schneiden.

Salz, Pfeffer, Zucker, Essig und Öl in einer Schüssel zu einer cremigen Soße verrühren und die übrigen Salatzutaten unterheben.

Salat mit Fenchel und Apfelsinen

Zutaten

2 Knollen Fenchel (400 g)
2 Apfelsinen
1 kleine rote Zwiebel
Salz
frisch gemahlener Pfeffer
etwas Zucker
1–2 EL Weißweinessig
4 EL Olivenöl
20 g Pistazienkerne, gehackt

Tipp

Den Salat mit Pistazienkernen und Fenchelgrün garnieren.

Für 4 Personen

Zubereitung

Für die Lasagneblätter aus Mehl, Eiern, Öl, 3–4 Esslöffeln Wasser, Kräutern und Gewürzen einen Nudelteig bereiten. Den Teig in Klarsichtfolie einschlagen und 30 Minuten ruhen lassen.

Den Teig auf einer bemehlten Arbeitsfläche dünn ausrollen und Rechtecke (5 x 12 cm) ausschneiden (oder den Teig durch die Nudelmaschine drehen). In einem großen Topf reichlich Wasser mit etwas Salz aufkochen. Die Lasagneblätter darin 2 Minuten garen, abgießen und abschrecken.

Für die Füllung die Auberginen und den Sellerie würfeln. Die Pilze in feine Scheiben schneiden. Das Öl in einem Topf erhitzen und die Zwiebeln darin glasig dünsten. Die Gemüsewürfel zufügen und kurz anbraten. Den Knoblauch mit den Tomaten zur Gemüsemischung geben. Mit Brühe aufgießen und mit Thymian, Rosmarin, Koriander, Salz und Pfeffer würzen. Das Gemüse zugedeckt bei schwacher Hitze etwa 10 Minuten garen, anschließend abkühlen lassen.

Für die Soße den Frischkäse mit der Sahne zu einer glatten Masse verrühren. Das Basilikum und die Pfefferkörner unter die Käsesoße rühren und eventuell mit einer Prise Salz abschmecken. Schichtweise mit Käsesoße bestrichene Lasagneblätter und Gemüsefüllung in eine gefettete Auflaufform füllen. Mit Nudelblättern abschließen und die Lasagne mit dem Käse bestreuen. Im vorgeheizten Backofen (Ober-/Unterhitze: 200 °C, Heißluft: 180 °C, Gasherd: Stufe 3–4) ca. 30 Minuten backen.

Zutaten

Für die Lasagneblätter:
200 g Weizenvollkornmehl
2 Eier (Gew.-Kl. M)
1 TL Pflanzenöl
1/2 TL italienische Kräuter, getrocknet
Paprikapulver, Salz, Pfeffer

Für die Füllung:
300 g Auberginen, geputzt
300 g Bleichsellerie, geputzt
250 g Champignons, geputzt
1 EL Pflanzenöl
1 große Zwiebel, fein gehackt
2 Knoblauchzehen, zerdrückt
400 g Pizzatomaten (aus der Dose)
250 ml Gemüsebrühe
je 1 TL Thymian, Rosmarin und Koriander, getrocknet

Gemüse-Pilz-Lasagne

Salz
frisch gemahlener Pfeffer

Für die Soße:
300 g Frischkäse
100 g Sahne
1 Bund Basilikum, fein gehackt
1 TL grüne Pfefferkörner
Salz
3 EL Käse, gerieben

Tipp

Die Auberginenwürfel mit Salz bestreuen, um das Fruchtfleisch zu entwässern. Das Salz nach 10–20 Minuten mit kaltem Wasser abspülen und das Gemüse trockentupfen. Die Auberginen nehmen dadurch beim Braten nicht so viel Öl auf.

Für 4 Personen

Zubereitung

Die Kaninchenkeulen mit fließend kaltem Wasser abspülen und trockentupfen. 100 ml Öl in einem Bräter erhitzen, das Fleisch darin auf allen Seiten anbraten, die Keulen herausnehmen und mit Salz würzen.

Schalotten und Knoblauchzehen abziehen. Das restliche Olivenöl im Bräter erhitzen. Schalotten, Knoblauchzehen, schwarze und grüne Oliven, Rosmarin, Salbeiblätter und Pfeffer darin anbraten.

Die Kaninchenkeulen hinzufügen und den Wein angießen.

Den Bräter auf dem Rost in den vorgeheizten Backofen schieben.

Zutaten

4 Kaninchenkeulen
200 ml Olivenöl
Salz
100 g Schalotten
2 Knoblauchzehen
100 g schwarze Oliven, ohne Steine
100 g grüne Oliven, ohne Steine
2 Stängel Rosmarin
2 Salbeiblätter
2 EL grüner Pfeffer
100 ml Olivenöl
400 ml trockener Weißwein

Backofen

Ober-/Unterhitze: 200 °C
Heißluft: 180 °C
Gasherd: Stufe 3–4
Backzeit: ca. 30 Minuten

Kaninchenkeulen mit Oliven

Tipp

Mit warmem Fladenbrot oder einem knackigen Salat servieren.

Ergibt 12 Stück

Zubereitung

Die Tomaten waschen, trockentupfen und einen Deckel abschneiden. Das Innere aushöhlen und mit Salz und Pfeffer bestreuen.

Den Mozzarella abtropfen lassen (die Flüssigkeit aufbewahren) und in kleine Würfel schneiden. Die Käsewürfel mit dem Basilikum in einer Schüssel mischen.

5 Esslöffel Mozzarellaflüssigkeit mit dem Olivenöl und dem Essig in einer Schüssel verrühren und mit Salz und Pfeffer würzen. Die Marinade über die Käsewürfel träufeln, ziehen lassen und anschließend die Tomaten damit füllen.

Die Tomaten mit Basilikumblättchen garnieren und servieren.

Tipp

Eine zerdrückte Knoblauchzehe zur Marinade geben. Fladenbrot oder Ciabatta zu den Tomaten reichen.

Italienische Tomaten

Zutaten

12 kleine Tomaten
Salz
frisch gemahlener weißer Pfeffer
3 Pck. Mozzarella (á 125 g)
5 EL Basilikum, gehackt
8 EL Olivenöl
6 EL Balsamicoessig
Basilikumblättchen

Ergibt 8 Stück

Zubereitung

2 cl Armagnac in eine Schüssel gießen. Die Lammnüsschen mit dem Thymian und dem Salbei darin einlegen und über Nacht ziehen lassen.

Das Kalbsbries einige Stunden in Wasser einlegen. Das Bries mit dem Lorbeerblatt und der Nelke spicken. Reichlich Wasser mit etwas Salz in einem Topf zum Kochen bringen. Das Bries darin etwa 30 Minuten garen.

Die Artischocken waschen und die äußeren Blätter entfernen. Die harten Blätter mit einer Schere abschneiden und die Schnittflächen mit Zitronensaft einreiben. Die Artischocken in einem Topf in reichlich Salzwasser etwa 30 Minuten bei schwacher Hitze garen. Die Blätter auseinander drücken und das „Heu" mit einem Löffel entfernen. Die Artischocken auf einem großen Teller dekorativ anrichten.

20 g Butter in einer Pfanne zerlassen, die Lammnüsschen darin auf beiden Seiten rosa braten und auf die Artischocken legen. 20 g Butter in der Pfanne zerlassen. Das Kalbsbries in Scheiben schneiden, in der Butter anbraten und auf den Lammnüsschen verteilen.

Die Schalotten schälen und fein hacken. Die Tomaten überbrühen, häuten, die Stielansätze entfernen und das Gemüse in Würfel schneiden. 20 g Butter in einem Topf zerlassen und die Schalotten darin glasig dünsten. Mit dem restlichen Armagnac und dem Rotwein aufgießen. Die Tomaten zufügen, alles einkochen lassen und die restliche Butter unterrühren.

Die Champignonköpfe auf dem Kalbsbries verteilen und die Soße um die Artischocken verteilen.

Zutaten

4 cl Armagnac
8 Lammnüsschen
1/2 TL Thymian
1/2 TL Salbei
200 g Kalbsbries
1 Lorbeerblatt
1 Nelke
Salz

8 kleine Artischocken
Zitronensaft
80 g Butter
2 Schalotten
2 Tomaten
4 cl Rotwein
8 Champignonköpfe

Lammnüsschen auf Artischocken

Für 2 Personen

Zubereitung

Für den Teig das Mehl in eine große Schüssel sieben und mit dem Weizenschrot und der Hefe mischen. Butter, Zucker, Salz, Pfeffer und Milch hinzufügen. Alles mit den Knethaken des Handmixers zunächst auf niedrigster, dann auf höchster Stufe in etwa 5 Minuten zu einem glatten Teig verkneten. Falls der Teig kleben sollte, etwas Mehl zugeben. Den Teig zugedeckt an einem warmen Ort gehen lassen, bis sich sein Volumen verdoppelt hat.

Den Teig nochmals durchkneten, rund ausrollen (Durchmesser ca. 30 cm) und auf ein gefettetes Backblech legen.

Für den Belag die Zwiebel schälen und würfeln. Speck und Schinken ebenfalls würfeln. Das Öl in einer Pfanne erhitzen, den Speck darin auslassen, Zwiebel- und Schinkenwürfel zufügen und 2–3 Minuten braten.

Den Spinat putzen, waschen, nass im geschlossenen Topf etwa 5 Minuten garen und anschließend abgießen. Spinat, Schinken, Speck und Zwiebeln mischen. Den Knoblauch zur Spinatmischung geben. Alles mit Salz, Muskatnuss und Zitronensaft würzen und auf dem Pizzaboden verteilen.

Die Tomaten waschen, trockentupfen und den Stielansatz entfernen. Das Gemüse in Scheiben schneiden, auf dem Spinat verteilen und mit Salz, Pfeffer und Majoran bestreuen. Den Käse darüber verteilen und das Backblech in den vorgeheizten Ofen schieben.

Spinatpizza

Zutaten

Für den Hefeteig:
175 g Weizenmehl
75 g Weizenschrot
1 Pck. Trockenhefe
25 g Butter, zerlassen
1/2 TL Zucker
Salz
frisch gemahlener Pfeffer
reichlich 125 ml lauwarme Milch

Für den Belag:
1 Zwiebel
75 g durchwachsener Speck
75 g gekochter Schinken
2 EL Pflanzenöl, 600 g Blattspinat
2 Knoblauchzehen, zerdrückt
Muskatnuss, gerieben
Zitronensaft, 400 g Fleischtomaten
Salz und Pfeffer
2 EL Majoran, gehackt
200 g Gouda, gerieben

Backofen

Ober-/Unterhitze: 200–220 °C

Heißluft: 180–200 °C

Gasherd: Stufe 4

Backzeit: ca. 20 Minuten

Register